BEI GRIN MACHT SICH IHR WISSEN BEZAHLT

- Wir veröffentlichen Ihre Hausarbeit,
  Bachelor- und Masterarbeit

- Ihr eigenes eBook und Buch -
  weltweit in allen wichtigen Shops

- Verdienen Sie an jedem Verkauf

Jetzt bei www.GRIN.com hochladen und kostenlos publizieren

Bibliografische Information der Deutschen Nationalbibliothek:

Die Deutsche Bibliothek verzeichnet diese Publikation in der Deutschen National-
bibliografie; detaillierte bibliografische Daten sind im Internet über http://dnb.d-
nb.de/ abrufbar.

Impressum:

Copyright © 2013 GRIN Verlag, Open Publishing GmbH
Druck und Bindung: Books on Demand GmbH, Norderstedt Germany
ISBN: 978-3-668-08277-9

Dieses Buch bei GRIN:

http://www.grin.com/de/e-book/308541/ueberblick-zu-besitz-und-besitzlosigkeit-
bei-franz-von-assissi

Gesine Ueberfeldt

Überblick zu Besitz und Besitzlosigkeit bei Franz von Assissi

GRIN Verlag

GRIN - Your knowledge has value

Der GRIN Verlag publiziert seit 1998 wissenschaftliche Arbeiten von Studenten, Hochschullehrern und anderen Akademikern als eBook und gedrucktes Buch. Die Verlagswebsite www.grin.com ist die ideale Plattform zur Veröffentlichung von Hausarbeiten, Abschlussarbeiten, wissenschaftlichen Aufsätzen, Dissertationen und Fachbüchern.

Besuchen Sie uns im Internet:

http://www.grin.com/

http://www.facebook.com/grincom

http://www.twitter.com/grin_com

Am Beispiel von Franz von Assisi (*1181/2-†1226)

MYSTIK *IST* WIDERSTAND: BESITZ UND BESITZLOSIGKEIT

GLIEDERUNG

* Unsere Ideen zu Besitz/-losigkeit und
  D. Sölle` Meinung dazu
* Mystik ist Widerstand
  am Beispiel von Franz von Assisi
* Bezug zur aktuellen gesellschaftlichen
  Situation
* Franz von Assisi im Religionsunterricht?

× Was verbindet ihr mit den Begriffen „Besitz und Besitzlosigkeit"?

× Gibt es einen Zusammenhang zwischen Besitz und Persönlichkeit – zwischen Haben und Sein?

× Was bedeutet Besitz/-losigkeit innerhalb der Gesellschaft?

× Wie würde es euch gehen, wenn ihr von heute auf morgen alles verlieren würdet?

Zu P1:
Konsequenzen des Besitz-Habens:
Mehr haben wollen? -> Habgier?
Kann Besitz süchtig machen?

Zu P2:
Wie drückt sich arm sein/reich sein aus?
Was für eine Erscheinung/Eindruck trägt man durch Besitz/-losigkeit nach außen?
Durch Kleidung
Durch Verhalten
Durch Taten
Durch Worte

Zu P3:
Nachteile des Arm seins in der Gesellschaft?
Vorteile des Arm seins?
Nachteile des Reich seins?
Die Frage nach sozialer Gerechtigkeit?

Zu P4:
Reinversetzen in die Flutopfer hier in Deutschland
Meine Geschichte der Keller-Überflutung
Kann Besitz auch belasten?
Kann Besitzlosigkeit befreien?

D. SÖLLE ZU BESITZ

- Wegwerfen bedeutet Befreiung und Schönheit
- In mancher religiöser Tradition: Besitz ist schädlich für die Seele und Armut ein Ideal.
- Besitz erscheint wie eine Art lebensgefährliche Droge und wird als Verführung betrachtet.
  -> Habgier
- Haben trägt dazu bei, das Ich abhängig zu machen. Im Haben toter Dinge gleicht es sich dem Totsein an.

P1 einblenden:
Sölles Beispiel von Jesus:
Jesus soll auf seiner Pilgerschaft von den weltlichen Dingen so abgelöst sein, dass er nur noch einen Becher und einen Kamm mit sich führte.
Aber als er einen Mann aus seiner Hand trinken sah, warf er den Becher weg.
Und als er einen anderen Mann seine Finger statt eines Kammes benutzen sah, warf er auch den Kamm weg.

P2 einblenden:
Frage: Beispiel aus eurem Leben?
Sölle sagt dazu:
Wegwerfen von Besitz bedeutet auch, einen anderen Blick für den Gebrauch des Eigentums zu bekommen,
nämlich einen eher funktionalen, begrenzten und vereinfachten Umgang damit.
Sie sagt auch, mit weniger auszukommen, bedeutet auch oft, mehr Zeit und Kraft für anderes zu gewinnen.
Unser Verhältnis zu den Dingen wird gelassener.
Frage an den Kurs: Beispiele hierfür?

P3 einblenden:
Wird in der christlichen Tradition als Habgier bezeichnet
Frage: Beispiel aus eurem Leben?

P4 einblenden:
Frage: Zitat Sölle von Folie deuten, interpretieren

FOLGEN DES BESITZENWOLLENS

- Das Mehr-haben-Wollen
- Wachsende Abhängigkeit von Konsumgewohnheiten
- Besitzwunsch wächst sich auf andere Lebensbeziehungen aus
- Verfügungsrecht über den Gegenstand wird selbstverständlich

Zu P2
Wenn man einmal einen bestimmten Standard an Besitz hat, kann es schwierig sein, mit weniger auskommen zu müssen.
D. Sölle: „Das Ich verliert seine freundliche Distanz zu den zu benutzenden Dingen und wird vom Besitzwunsch beherrscht."
Was will sie damit sagen? – Frage an Kurs.
Man verliert die Achtung vor den Dingen,
verliert das Gefühl, wie es ist, etwas nicht zu besitzen (frei zu sein?)
Die Sucht, alles zu besitzen

Zu P3
Partner, Angehörige, Freunde werden als zu Besitzende angesehen und ihre Zeit wird zu Verfügung gestellten Objekten

Zu P4
Diese Besitzbeziehung breitet sich also aus, sie wird zu Herrschaft und damit zu Macht

MYSTIKER „MEISTER ECKHART"

Er nannte 3 Bedingungen der „inneren Armut":
1. Das Nichts-Wollen
2. Das Nichts-Wissen
3. Das Nichts-Haben

Metapher dafür in der christlichen Mystik ist:
Das Nacktwerden

Zu Beginn der Folie:
Ich möchte an dieser Stelle dieses Thema in Beziehung setzen zu einer berühmten Armutspredigt von Meister Eckhart.
Eckart von Hochheim, der eben bekannt ist als Meister Eckhart, war ein einflussreicher spätmittelalterlicher Theologe und Philosoph.

-Einblenden-
Nach der Aufzählung:

Alle diese 3 Gestalten der mystischen Armut sind auf das Nichts bezogen und die konkrete Gestalt und die wichtigste Metapher dafür ist das Nacktwerden.
Er spricht davon, dass dieses Nichts eben das ist, was weder binden noch beherrschen kann.
Also nichts haben bedeutet soviel wie, über nichts als Herrscher zu verfügen.

Gibt es Anmerkungen/Fragen dazu?

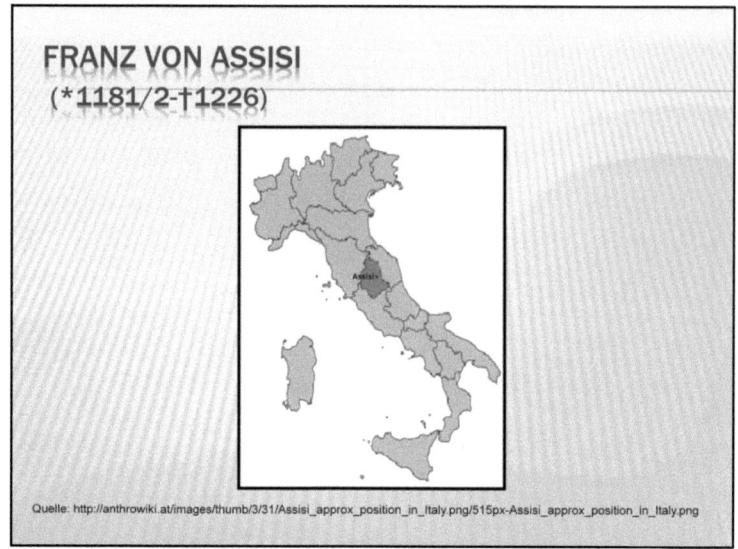

FRANZ VON ASSISI
(*1181/2-†1226)

Quelle: http://anthrowiki.at/images/thumb/3/31/Assisi_approx_position_in_Italy.png/515px-Assisi_approx_position_in_Italy.png

Eben diese mystische Tradition hilft dagegen, sich selbst, also das Sein durch Haben zu definieren.

Und ein Beispiel dafür, dass Mystik Widerstand bedeutet, ist Franz von Assisi, der ein Zeichen des Widerstands gesetzt hat, als er sich für die freiwillige Armut entschieden hat.

Nun wollen wir uns das Leben von Franz von Assisi mal genauer angucken:

Er ist 1181 oder 1182 in Italien in der umbrischen Stadt Assisi geboren. –Karte zeigen
Seine Eltern waren der wohlhabende Tuchhändler Giovanni Bernardone und dessen Frau Pica.
Franz lebte in geordneten, reichen Verhältnissen,
Ergreift den Beruf seines Vaters, arbeitet im elterlichen Geschäft mit der Aussicht später mal sein Geschäft zu übernehmen.
Daneben erwirbt er sich noch ein gewisses Maß an Bildung, lernt Französisch und Latein und Lesen und Schreiben, was ihm nicht so leicht fiel.

Sein Jugendleben war voller Feste, zu denen er auch all seine Freunde von dem Geld seines Vaters einlud.
Er führte ein Leben der Zufriedenheit, des Genusses und der Freude.
Also keine Spur von Krankheit, Armut und Tod.
Sölle: „So wie ein Ich notwendig ist, um zu einer Gestalt der Ichlosigkeit zu kommen, so braucht es wohl auch ein Stück Eigentum, ehe man das Wegwerfen lernt".

GESELLSCHAFTLICHER HINTERGRUND

* Neue Wirtschaftsepoche: Zunahme der Bevölkerung und Wirtschaftsaufschwung
* Landwirtschaft verlor an Bedeutung, Bauern wurden entwurzelt
* Bürgertum blühte neben Adel und Klerus auf
* Frühkapitalismus förderte Bürger mit tiefer Faszination für Geld und Besitz, Erfolg/Aufstieg

Zu Beginn der Folie:
Um die Entwicklungen des Lebens von Franziskus besser zu verstehen, hilft es kurz die Welt zu betrachten, in der er lebte.

Zu P2:
Basis war nicht mehr der Austausch von Naturalien, sondern von Geldverkehr bestimmt.
Auch die Absicherung durch die Grundbesitzer fiel weg,
Arbeiter hatten keinen festen Wohnsitz mehr, streunten durch die Straßen
Wurden die „armen Gottes" genannt

Zu P3:
Neue Formen des Handelns:
Oberschicht importierte und konsumierte Luxusartikel wie Seide oder Gewürze aus dem Orient
Durch die Modernisierung entstanden neue Industrien, vor allem die Tuchmanufaktur
Die Welt teilte sich in Abhängige und Mächtige.

Nach P4:
Eben vor diesem Hintergrund ist die Mystik der Armut, die Franziskus entwickelte, zu verstehen.

FRANZISKUS' TRAUM VON GOTT

Gott: „Wer kann dir Besseres geben? Der Herr oder der Knecht"

Franz antwortet: „Der Herr!" Darauf die Stimme: „Warum dienst du dem Knecht statt dem Herrn?"

Franz: „Was willst du Herr, das ich tun soll?"

Der Herr: „Kehre zurück in deine Heimat, denn ich will dein Gesicht in geistlicher Weise erfüllen."

Zu Beginn der Folie:
Franz hatte den Jugendtraum, Ritter zu werden und wollte sich einem Kriegszug nach Süditalien anschließen,
kehrte aber um, als er noch auf dem Weg dorthin war.

Franz hatte einen Traum, in dem Gott ihn dazu aufrief, sich nicht in den Dienst des weltlichen Ritters zu stellen, sondern in den von Gott.
-Folie von 2 Kommilitoninnen lesen lassen

Daraufhin kehrte er in seine Heimat zurück und ritt an den Unterkünften der Ausgestoßenen vorbei.
Und dazu habe ich hier ein Ausschnitt aus seinem Testament.

FRANZ' FREIWILLIGE ARMUT

Er schrieb in seinem Testament:
So hat der Herr mir, dem Bruder Franziskus,
gegeben, das Leben der Buße zu beginnen:
Denn als ich in Sünden war, kam es mir sehr
bitter vor, Aussätzige zu sehen. Und der Herr
selbst hat mich unter sie geführt, und ich habe
ihnen Barmherzigkeit erwiesen. Und da ich
fortging von ihnen, wurde mir das, was mir bitter
vorkam, in Süßigkeit der Seele und des Leibes
verwandelt.

Folie lesen lassen, dann:
Was ist mit Aussätzigen gemeint?
Die Kranken, sie wurden abgesondert außerhalb der Stadt und mussten isoliert leben,
ohne Hoffnung auf Heilung.
Er kümmert sich um die Aussätzigen, pflegt sie, schenkt ihnen Geld.
Also nach den Besuchen bei den Aussätzigen war er ein anderer Mensch geworden.
Im weiteren Verlauf begibt er sich dann in die Einsamkeit der Wälder, betet, meditiert
und lebt als Büßer und Einsiedler,
aber immer in der Nähe von Kirchen.

Bspw. machte er auf einer Wallfahrt nach Rom die Begegnung mit einem Bettler,
mit dem er die Kleidung tauschte, um das Leben in vollkommener Armut
nachzuempfinden.

VISION CHRISTI BEIM GEBET IN SAN DAMIANO

„Franziskus, geh hin
und stelle mein
Haus wieder her,
das, wie du siehst,
schon ganz
verfallen ist".

San Damiano= ist der Name einer kleinen Kirche am Fuße von Assisi, wo Franziskus oft zum Beten war.

Er nahm die Vision ernst und stellte die Kirche wieder her und
Nahm auch weitere bauliche Wiederherstellungsmaßnahmen von Kirchen im Umkreis in Angriff.

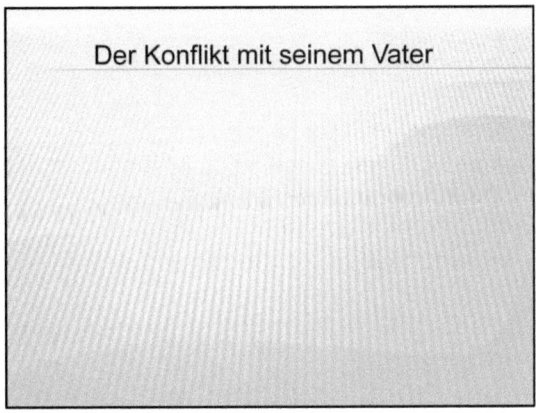

Der Konflikt mit seinem Vater

Überschrift öffnen:
All diese Tätigkeiten und sein Verhalten brachten ihn in Konflikt mit seinem Vater,
nicht zuletzt deswegen, weil er für den Wiederaufbau der Kirchen,
Waren (für wohltätige Zwecke) und Geld aus dem Geschäft seiner Eltern nahm.
Außerdem hatte der Vater Großes mit seinem Sohn vor.
(Übernahme des Geschäfts und damit das Erbe des Tuchhändlers usw.)
und war gar nicht glücklich über den Wechsel seiner Lebensform.

Der Streit mit seinem Vater endete schließlich vor dem Richterstuhl des örtlichen Bischofs,
wo er einen Prozess gegen sein Sohn führte.

Öffentliche Gerichtsverhandlung 1207
<u>Franziskus Reaktion:</u>
Entkleidet sich vollständig;
-> indem er mit seinem Vater bricht, bricht er somit mit den Werten der Bürgerwelt
              -> verzichtet mit dieser Geste auf sein Erbe
              -> auf seine gesellschaftliche Stellung, mit seinem Geld und seinem Besitz

Ja, also, das muss man sich mal vorstellen,
Der zieht sich einfach öffentlich vor dem Bischof, also dem höchsten Richter der Stadt,
während der Gerichtsverhandlung nackt aus.
Und steht splitter-fasernackt da, bis ihn der Bischof höchstpersönlich ins eigene Gewand
hüllt.
-Wie man auch auf dem Foto sehen kann.
und sagt dann zu seinem Vater:
*„Bis heute habe ich dich meinen Vater genannt auf dieser Erde; von nun an will ich
sagen: »Vater, der du bist im Himmel«.*

Der Franz ist jetzt 25 Jahre alt und wird nie mehr nach Hause zurückkehren.

Zu Beginn der Folie:
Während er eines Tages die Messe hörte, wurde er aufmerksam auf eine bestimmte Stelle im Matthäus- Evangelium,
die von der Aussendung der Jünger erzählt.

Bibel aufschlagen: Mt 10,8-10,10 –lesen lassen

Nach 1. Pfeil:
Jesus hatte auch dazu aufgefordert, ihre Familien, den festen Wohnsitz und allen Besitz hinter sich zu lassen
und arm hinaus zu ziehen, um das Reich Gottes in Wort und Tat zu verkündigen und genau das tut Franziskus.
Bibel lesen lassen: Mt 19,21

Nach 2. Pfeil:
Franz trug von nun an nur noch eine einfache Kutte, die mit einem Strick gehalten wurde, Lehnte den Besitz und den Kontakt zu Geld strikt ab.
Und ging nach Möglichkeit barfuß.

Nach 3.Pfeil:
Beginnt die Armut zu lieben, nennt sie im Stile der Minnesänger ehrfürchtig seine Herrin Armut.
Beschränkt sich auf die Grundbedürfnisse des Menschen: Nahrung, Kleidung und Obdach.

Nach 4. Pfeil:
Er ermahnte seine Mitmenschen, Gott zu lieben und für ihre Sünden, Buße zu tun.

FRANZISKUS` LEBEN

* Lebt normalerweise nicht vom Betteln, sondern Handwork
* Predigten kurz & schlicht
* 3 Horizonte besonders wichtig:
-> Gerechtigkeit
-> Frieden
-> Naturverbundenheit

Zu P1:
Man vermutet, dass er vom Vater das Weben gelernt hatte
Er nahm für seine Dienste aber nur Lebensmittel an, nie Geld
(Zu der Beziehung zu Geld, gehe ich gleich nochmal näher ein)

Zu P2:
Predigten wenden sich an einfache Menschen.
Franziskus` Religiösität war mehr gelebte Frömmigkeit als gelehrte Theologie.

Zu P3:
Er will die Natur schützen.
Es soll kein Herrschaftsverständnis zwischen Natur und Mensch stehen,
Sondern eine Verwandtschaftsbeziehung.
Hat sich sogar politisch engagiert, ein Gesetz zu erwirken, dass den Vogelfang in Italien einschränkt.
-> es gibt eine Geschichte, in der den Vögeln predigt

ENTSTEHUNG DES ORDENS

* Gleichgesinnte stammten aus verschiedenen Ständen (Adlige, reiche Bürger, Bauern)
* Alle lebten unterschiedslos im Orden zusammen
* Nannten sich „Mindere Brüder"
* materielle Armut und geistliche Demut
* „Nudum Christum nudus sequi"

Zu Beginn der Folie:
Durch diese Predigten und seine extreme Lebensweise stieß er bei vielen Menschen auf Spott und Ablehnung,
Doch etliche andere zog sein Beispiel an und es schlossen sich im Laufe der Zeit viele Brüder an.
-> Das führte zu der Entstehung seines Ordens.

Nach P3:
Sollte ausdrücken, dass keiner eine Machtstellung hatte oder was besseres darstellt als der andere, sondern alle gleich sind.
Der Orden der Franziskaner überwand somit das mittelalterliche Ständedenken.
Sie lebten im mystischen Sinn der Freiheit vom Haben, also mit dem Verzicht auf Besitz, Ehrenabzeichen und Standesbewusstsein,
Und mit dem Verzicht auf Waffen -> Zitat vorlesen von Beginn des Kap.Besitz/-losigkeit

Zu P4:
Der Begriff Demut ist allen klar?
(Demut=die Anerkennung der Allmacht Gottes, sich „herabbeugen", Gegenteil von Hochmut)

Zu P5:
Das Ziel der Gemeinde war eben, die Worte des Evangeliums ernst zu nehmen und Jesus nachzufolgen, mit allem, was dazu gehört.
Lebten nach dem Grundsatz:
Nackt dem nackten Christus folgen

GRUNDMOTIV MYSTISCHER FREIHEIT:
DAS NACKTWERDEN

* Das Entkleiden während der
  Gerichtsverhandlung
* Predigt in Unterhosen
* Im Sterben wird er entkleidet auf den
  nackten Boden vor Christus in einer
  Kirche gelegt

Zu Beginn der Folie:
Dieses Motiv des Nackt-Werdens zieht sich wie ein roter Faden durch das Leben von
Franz:
Welche Stationen dazu habt ihr noch in Erinnerung?

Zu P1:
Wo er im Konflikt mit seinem Vater stand.

Zu P2:
Da schickt er einen seiner Brüder in Unterhosen in eine Kirche, um zu predigen
und Franziskus folgt ihm dann gleichfalls halbnackt nach.

BEZIEHUNG ZUM GELD

* Geld darf nicht berührt werden
* Geld wird verachtet, auch als Tauschmittel
* Orden nahm keine Geldgeschenke an
* Geld soll verachtet werden wie der Teufel selbst

Zu Beginn der Folie:
Ein Bruder aus dem Orden hat einmal ein Stück Geld aufgehoben, was in der Kirche hinterlegt wurde.
Daraufhin hat Franz ihm befohlen, das Stück Geld im Mund zum nächsten von Eselskot bedeckten Misthaufen zu tragen.
Und sagte, sie sollen Geld und Kot aneinander gleich achten.

Punkte von Folie öffnen…
Und das in der damaligen Gesellschaft, in der Geld gerade an Bedeutung gewann und zum Mittelpunkt des Handelns wurde!!

Zu P1:
Dies bedeutete zugleich auch der Abschied von aller Lebensvorsorge und allem Schutz,
den eine Institution wie die Kirche hätte geben können.

Zu P4:
Die Tätigkeit der Bußprediger war nicht an einen bestimmten Ort gebunden.
Diese Heimatlosigkeit spiegelte sich auch in dem Leben der breiten Massen wieder, die aus den Feudalverhältnissen rausgerissen wurden und vor ihrer eigenen unfreiwilligen Armut standen.
Durch den Orden bekam Armut als urchristliches Ideal einen ganz neuen Sinn,
Denn Christus und die Apostel haben auch weder über privates noch über gemeinsames Eigentum verfügt.
Der Orden bot Zuversicht und Sicherheit für die breiten Massen.

ENTWICKLUNG DES ORDENS

* 1209 mündliche Bestätigung der Regel vom Papst
* Gefahr der Korruption
* Verbreitung und Wachstum der Mitgliederzahl
-> Bedürfnis nach stärkerer institutioneller und rechtlicher Absicherung durch päpstliche Schutzbriefe
* Folge: 1. großer Konflikt in Gemeinschaft

Zu Beginn der Folie:
Franziskus war es wichtig, sich die Regel (Mt 19,21) vom Papst bestätigen zu lassen, weil er die Erlaubnis haben wollte, öffentlich zu predigen.
Das war natürlich nicht einfach: auf der einen Seite stand der kirchliche Imperialismus und auf der anderen Seite der Franz, der auf jeglichen Besitz verzichtete.
Der Papst willigte aber – nach anfänglichen Schwierigkeiten- ein, weil er für sich den Vorteil darin sah,
die weitläufigen Armutsbewegungen durch Franz – als den auf der einen Seite einen radikalen Armen darstellte
und auf der anderen Seite ein loyales Kirchenmitglied war, in die Kirche zu integrieren und damit die Kirche stützen konnte.

Zu P2:
Franziskus zahlte damit aber auch den Preis, nämlich dass ab nun die Gefahr bestand, dass die Ziele der Gemeinschaft durch die Anerkennung der kirchlichen Hierarchie manipuliert werden konnten.

DER ORDENSZWEIG: DIE KLARISSEN

* Klara: Adlige aus Assisi (*1193)
* Gründungsdatum des Klarissenordens: 18.März 1212
* Klara's inniges Verhältnis zu Franz
* Franz' zwiespältiges Verhältnis zu Klara
* Einziger Erfolg: Gleiche Ordensregel ebenfalls bestätigt
* Franz und Klara als Liebespaar

Zu Beginn der Folie:
Es entwickelten sich noch mehrere Orden, die sich auf Franziskus Idee zurückbezogen, wie zum Beispiel der für Frauen entwickelte Ordenszweig: Die Klarissen.

Zu P1:
Mit 16 Jahren floh Klara aus ihrem Elternhaus, um sich Franz und seiner Gemeinschaft anzuschließen.

Zu P3:
Klara hatte sexuelle Visionen von Franz, klar ist, dass sie die Lebensform mit Franz teilen möchte.

Zu P4:
Aber Franz lässt sie nicht an seinem Leben teilhaben.
Daraufhin fordert sie ihre Anhängerinnen auf, sich hinter den Mauern des Klosters in San Damiano einzuschließen.
Und eben auf das freie Leben mit den vielen Predigten in der Natur wie es Franz tat, zu verzichten.

Zu P6:
Sie hatten ein Vater-Tochter-Verhältnis, Klara sah Franz als Vorbild und Franz war zu ihr fürsorglich wie ein Vater.
Er und seine Brüder sammelten auch Almosen für sie und kamen als Seelsorger ins Kloster.

Warum hat sich aber Franz von Klara dennoch auf privater/intimer Ebene fernhalten wollen?
Franz sah Frauen als Gefahr an, wegen der teuflischen Versuchung zur körperlichen Begierde.

DER WEG ZUM KIRCHLICHEN ORDEN	
Vorläufige Regel	**Endgültige Regel**
„Leben der Brüder ist, Jesu Christi Fußspuren zu folgen"	„Leben der Brüder in Gehorsam, ohne Eigentum und in Keuschheit"
Keine festgelegten Eintrittszeiten	1-jährige Probezeit Ausstiegsverbot
Mit offenen Armen empfangen	Überprüfung der Rechtgläubigkeit

Am Anfang stand ja die Sammlung von den Nachfolgeworten Jesu (1209), wie ich sie bereits vorgestellt habe.

Die erste erhaltenen Regelfassung stammt dann aus dem Jahr 1221, die vorläufig waren.

Und dann gibt es 1223 die endgültige Regel, die durch den Papst bestätigt wurde.

Bei beiden Regeln sind deutliche Unterschiede sichtbar, obwohl nur 2 Jahre dazwischen liegen.

1221:	1223:
Spricht von der Nachfolge zentrale Anliegen der Brüder	die Nachfolge entfällt und damit das

Der Orden wird der päpstlichen Herrschaftsgewalt unmittelbar unterstellt.
Das Leben der Gemeinschaft ändert sich, die freiwillige Armut steht nicht mehr im Zentrum
und somit auch nicht der Dienst an den Armen und Kranken.
Kritik am Reichtum der Kirche und Klerus wird schon im Keim erstickt.

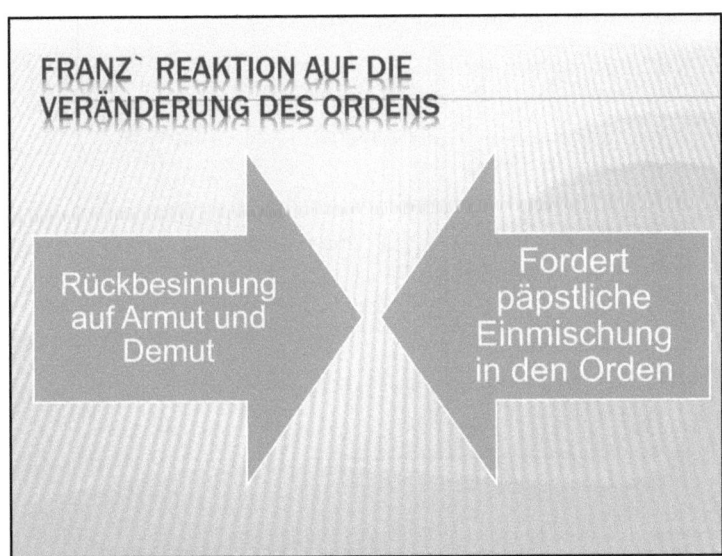

FRANZ` REAKTION AUF DIE VERÄNDERUNG DES ORDENS

Rückbesinnung auf Armut und Demut

Fordert päpstliche Einmischung in den Orden

Nach Einblenden der Folie:
Franz forderte auf der einen Seite schriftlich die Rückbesinnung auf Armut und Demut und die auf die Einhaltung der „frühen" Regeln.

Auf der anderen Seite fordert er eine päpstliche Einmischung in den Orden.
Und erklärt auch für die eigene Person eine absolute Gehorsamkeitsbereitschaft gegenüber der Ordensleitung.

Aber zugleich verbietet er seinem Orden, kirchliche Privilegien anzunehmen.
Und verbietet der kirchlichen Hierarchie Eingriffe in die Regel und sein Testament.

Das passt ja total nicht zueinander, auf der eine Seite will er Unabhängigkeit und auf der anderen Seite Unterordnung??
Wie ist das zu erklären?

Für ihn ist die Nachfolge Jesu und der Gehorsam gegenüber der Kirche eins.
Gottes Willen zeigt sich für ihn im Evangelium wie in der Kirche;
In der unmittelbaren Offenbarung sowie in der vermittelnden Institution.
Er wendet sich vertrauensvoll an die Kirche wie an eine Mutter, liebt sie und lässt sich von ihr schützen,
Aber eben auch täuschen.

Franz steht somit in Konflikt mit sich selbst:
Auf der einen Seite, der Versuch seinem Ideal nachzuleben,
Und auf der anderen Seite, sich mit der irdischen Realität der Institution Kirche zu arrangieren.

BRUDER TOD

* Rückzug in die Einsamkeit – Verwirklichung der Nachfolge Jesu
* Rückkehr wegen Krankheit
* 1226 todkrank – lebt bis zum Ende im Palast des Bischofs
* Vorher im Jahr 1225: Sonnengesang entsteht
* Heiligentag am 4. Oktober

Zu P1:
Er will wieder zu seiner ursprünglichen Radikalität zurückfinden.
Und begibt sich auf Wanderschaft, um Aussätzige zu pflegen.

Zu P2:
Aber körperliche Schwächen zwingen ihn zur Rückkehr.
Er wird schwer krank: er wird beinahe blind, und Magen, Leber und Milz schmerzen ihn.
Klara pflegt ihn.
Zusätzlich leidet er an Depressionen, es wird vermutet aufgrund von Trauer und Sorge um die Entwicklungen des Ordens.

Zu P3:
Weil man annahm, dass sein Körper nach seinem Tod zur wertvollen Reliquie wird, den eventuell andere Städte besitzen wollen.

Zu P4:
Er wird zum bekanntesten Werk von Franziskus.
Hier kommt sein besonderes Natur- und Gottesverhältnis zum Ausdruck.
Der Sonnengesang ist höchste italienische Poesie.
War schon sein Jugendtraum, Sänger zu werden, was sich nun erfüllt.
Er bezeichnet darin auch wieder Sonne und Mond als Geschwister des Menschen,
Und drückt damit seine enge Verbundenheit von Mensch und Natur aus.

Zu P5:
Noch heute wird Franziskus als einer der größten Persönlichkeiten der kath. Kirche verehrt.
Als Heiligentag gilt der 4. Oktober, der Tag des Begräbnisses.

FRANZISKUS AKTUELL

* „Meine Augen leuchten wegen dem Franz von Assisi, das macht mir Spaß."
  -> Irene, Mitglied des 3. Ordens des Franziskus

* Seid ihr mal ähnlichen Glaubensanhängern auf der Straße begegnet?
* Wo bspw. In welchen Märchen geht es auch um Besitzlosigkeit in Bezug auf Freiheit?

Zu P1:

Die Botschaft von Franziskus ist dort aktuell, wo Menschen in armen Verhältnissen leben.
So hier eine Nicht-Sesshafte in einer deutschen Großstadt.

Zu P3:
Das Märchen von Hans im Glück:
http://www.youtube.com/watch?v=jlku2g3dt-Q
Siehe auch Sölle-Text zur Erläuterung
Aber erst erklären lassen: Von was handelt das Märchen?

FRANZ VON ASSISI IM RELIGIONSUNTERRICHT?

× Kann Franz als Gestalt in der Kirchengeschichte ein Vorbild für die SuS darstellen? Inwiefern?

× Wie kann man das Thema Besitz/-losigkeit am Beispiel von Franz von Assisi im RU umsetzen?
-> Methoden?
-> Didaktik?

Zu P1:
Wenn ihr jetzt nochmal Franz' Leben revue passieren lasst, dann Frage von Folie...
Sagen, können 1 Minute darüber diskutieren, dann im Plenum dazu äußern.

Zu P2:
Auch darüber kurz diskutieren, Vorschläge sammeln,
Und dann im Plenum mitteilen.

-Einzelne Situationen, wie den Konflikt mit dem Vater nachspielen
-Sich so anziehen wie Franz es getan hat: einfache Kutte und barfuß etc.

LITERATURVERZEICHNIS

× Dieterich, Veit-Jakobus (1995): Franz von Assisi, Reinbek bei Hamburg: Rowohlt.

× Sölle, Dorothee (2007): Du stilles Geschrei. Wege der Mystik, Hrsg: Baltz-Otto, Ursula; Steffensky, Fulbert, Band 6, Stuttgart: Kreuz.

× Evangelische Kirche Deutschland (Hrsg.) (1999): Die Bibel. Nach Martin Luther, Stuttgart: Deutsche Bibelgesellschaft.

× Francesco (1984): Sonnengesang des Franz von Assisi, 7. Auflage, Stuttgart: Fink.

× Boff, Leonardo; Porto, Nelson (1987): Franz von Assisi: d. Sehnsucht nach d. Paradies, 1. Auflage, Düsseldorf: Patmos.

× Galli, Mario von; Stock, Dennis (1977): Gelebte Zukunft: Franz von Assisi, 8. Auflage, Luzern[u.a.]: Bucher.

× Adam, Gottfried; Flemming, Weert [u.a.] (Hrsg.) (2002): Modelle 10: Starke Typen. Franz von Assisi und andere Leitbilder des Glaubens, Gütersloh: Gütersloher Verlagshaus.